DONO PER

_____

DA

_____

IL

_____

NATIVITY

SAN PAOLO

Titolo originale: *The Nativity Story*
Copyright © 2006 by New Line Productions
Italian edition © 2006 by Edizioni San Paolo S.r.l. with permission of Tyndale House Publishers, Inc.
All rights reserved.

Photographs by *Jaimie Trueblood*. All photographs © MMVI New Line Productions, Inc.

Art directed by *Jacqueline L. Noe*
Designed by *Jennifer Ghionzoli*
Edited by *Stephanie Voiland*

© EDIZIONI SAN PAOLO s.r.l., 2006
   Piazza Soncino, 5 - 20092 Cinisello Balsamo (Milano)
   www.edizionisanpaolo.it
   Distribuzione: Diffusione San Paolo s.r.l.
   Corso Regina Margherita, 2 - 10153 Torino

I testi della Sacra Scrittura sono tratti da
La Bibbia. Nuovissima versione dai testi originali
© Edizioni San Paolo, Cinisello Balsamo 2002[15]

ISBN   978-88-215-5851-1

Stampa 2006
Rotolito Lombarda, Pioltello (Milano)
Printed in Italy

Indice

DIO È CON NOI

In una splendida notte stellata, duemila anni fa, venne alla luce un bambino.

Nulla di eccezionale, a prima vista. L'evento non disturbò la quiete del piccolo villaggio di campagna e fu accolto da un piccolo gruppo di povera gente. Incrinò il silenzio di quella notte un suono che richiamò infinite altre nascite: il vagito del neonato!

I bambini fanno il loro ingresso in questo mondo in un modo meno idilliaco di quanto si pensi. Il loro arrivo è sempre qualcosa di sorprendente, spesso doloroso, accompagnato da confusione ed affanno. Per molti una cosa del tutto normale; per i più cari, invece, un evento del tutto speciale.

In questo senso, questo bambino non era diverso. Anzi, la sua nascita fu più discreta di tantissime altre. Nessuna ostetrica o staff medico, nessuna sala parto, e neppure amici e parenti a celebrare l'evento. Semplicemente una capanna, un povero rifugio per animali a proteggere il bimbo dall'aria gelida e una bracciata di paglia su cui adagiarlo per la notte.

C'era, tuttavia, qualcosa nell'aria... qualcosa d'intangibile, qualcosa di squisitamente affascinante e meraviglioso.

Qualcuno se ne accorse? Oppure lo avvertirono soltanto i cuori in attesa, gli spiriti attenti?

A distanza di anni, frammenti di quella notte stellata sfavillano ancora nell'aria. E quelli di noi che hanno il cuore in attesa e lo spirito attento, se ben disposti a guardare con occhi nuovi, possono incrociare gli occhi di coloro le cui vite si sono intrecciate con la storia di quella meravigliosa notte.

Guarda, allora, con gli occhi di Elisabetta, che riconobbe qualcosa di grande in quel bambino ancora prima che egli nascesse.

Guarda con gli occhi di Zaccaria, che profetizzò che quel bambino sarebbe stato il Salvatore che tutti stavano aspettando, quale risposta alla promessa di Dio.

Guarda con gli occhi di Giovanni, il cugino del bambino, che un giorno gli avrebbe preparato la strada perché tutti potessero andargli incontro.

Guarda con gli occhi di re Erode, che accecato dalla gelosia per quel bambino compì cose orrende.

Guarda con gli occhi dei pastori, che non si aspettavano di essere gli araldi nella storia di un così grande miracolo.

Guarda con gli occhi dei re Magi, che nella ricerca della verità lasciarono i loro paesi lontani per ritrovarsi ai piedi del Re dei re.

Guarda con gli occhi del laborioso falegname di Nazaret, che accettò di esserne il padre.

Guarda con gli occhi della vergine Madre, che diede corpo alla promessa che, ora e per l'eternità, Dio è con noi.

Guarda, allora, anche tu con occhi nuovi al miracolo di quella notte e lascia che il suo splendore riempia il tuo cuore di pace e di speranza.

Il Signore

stesso darà a voi un segno.

Ecco

la giovane donna concepirà

e partorirà un figlio

e gli porrà nome

EMMANUELE

(che significa «Dio è con noi»).

Isaia 7,14

Maria

VILLAGGIO DI NAZARET

Ecco: giorni vengono
– oracolo del Signore –
in cui io susciterò a Davide un germoglio giusto
e regnerà qual re;
sarà saggio ed eserciterà diritto e giustizia nel paese.
Ai suoi giorni sarà salvato Giuda
e Israele dimorerà con sicurezza.
Questo è il nome con cui sarà chiamato:
Signore-Giustizia-Nostra!

Geremia 23,5-6

I AGI

PALAZZO NELL'IMPERO PERSIANO

Lo vedo, ma non ora,
lo guardo, ma non da vicino:
una stella si muove da Giacobbe,
si alza uno scettro da Israele...
Giacobbe dominerà i suoi nemici.

Numeri 24,17.19

Ti farò luce delle nazioni,
perché la mia salvezza raggiunga l'estremità della terra...
I re vedranno e si alzeranno,
i principi si prostreranno
a causa del Signore, che è fedele,
del Santo d'Israele, che ti ha scelto.

Isaia 49,6-7

Re Erode

GERUSALEMME

E ora intendete, o re,
accogliete l'ammonimento, governatori della terra.
Servite al Signore in timore e in tremore
baciate i suoi piedi: affinché non s'adiri
e voi periate nella via;
poiché in un baleno la sua ira divampa.
Beati coloro che si rifugiano in lui!

Salmo 2,10-12

MARIA E GABRIELE

...PRESSO GERUSALEMME

Al sesto mese Dio mandò l'angelo Gabriele in una città della Galilea chiamata Nazaret, ad una vergine sposa di un uomo di nome Giuseppe della casa di Davide: il nome della vergine era Maria. Entrò da lei e le disse: «Salve, piena di grazia, il Signore è con te». Per tali parole ella rimase turbata e si domandava che cosa significasse un tale saluto. Ma l'angelo le disse: «Non temere, Maria, perché hai trovato grazia presso Dio. Ecco, tu concepirai nel grembo e darai alla luce un figlio. Lo chiamerai Gesù. Egli sarà grande e sarà chiamato Figlio dell'Altissimo; il Signore Dio gli darà il trono di Davide, suo padre, e regnerà sulla casa di Giacobbe in eterno e il suo regno non avrà mai fine».

Luca 1,26-33

Allora Maria disse all'angelo:
«Come avverrà questo, poiché io non conosco uomo?».
L'angelo le rispose:
«Lo Spirito Santo scenderà sopra di te
e la potenza dell'Altissimo ti coprirà con la sua ombra;
perciò quello che nascerà sarà chiamato santo, Figlio di Dio...
Nessuna cosa infatti è impossibile a Dio».

Luca 1,34-37

Disse allora Maria:
«Ecco la serva del Signore».

Luca 1,38

Il Cantico di Maria

L'anima mia magnifica il Signore
e il mio spirito esulta in Dio, mio Salvatore
perché ha considerato l'umiltà della sua serva.
D'ora in poi tutte le generazioni mi chiameranno beata.
Perché grandi cose m'ha fatto il Potente,
Santo è il suo nome,
e la sua misericordia di generazione in generazione
va a quelli che lo temono.

Ha messo in opera la potenza del suo braccio,
ha disperso i superbi con i disegni da loro concepiti.
Ha rovesciato i potenti dai troni
e innalzato gli umili.
Ha ricolmato di beni gli affamati
e rimandato i ricchi a mani vuote.
Ha soccorso Israele, suo servo,
ricordandosi della sua misericordia,
come aveva promesso ai nostri padri,
a favore di Abramo e della sua discendenza, per sempre.

Luca 1,46-55

Hai trovato grazia presso Dio.

Luca 1,30

Maria ed Elisabetta

CONTRADA DELLA GIUDEA

*Ed ecco che, appena Elisabetta ebbe udito il saluto
di Maria, le balzò in seno il bambino. Elisabetta fu
ricolma di Spirito Santo ed esclamò a gran voce: «Benedetta tu fra le donne e benedetto il frutto del tuo
seno. Ma perché mi accade questo, che venga da me
la madre del mio Signore? Ecco, infatti, che appena il
suono del tuo saluto è giunto alle mie orecchie, il bambino m'è balzato in seno per la gioia. E benedetta colei
che ha creduto al compimento di ciò che le è stato detto
dal Signore».*

Luca 1,41-45

Benedetta tu fra le donne
e benedetto il frutto del tuo seno.

Luca 1,42

IUSEPPE

VILLAGGIO DI NAZARET

*Ma un rampollo uscirà dal tronco di Iesse
e un virgulto spunterà dalle sue radici.
Riposerà sopra di lui lo spirito del Signore,
spirito di sapienza e di discernimento,
spirito di consiglio e di fortezza,
spirito di conoscenza e di timore del Signore.*

Isaia 11,1-2

In quel giorno la radice di Iesse
si ergerà a stendardo dei popoli;
le nazioni accorreranno ad essa,
e il luogo della sua dimora sarà glorioso.

Isaia 11,10

Il trono sarà reso stabile con la pietà;
e su di esso siederà nella fedeltà,
nella tenda di Davide,
un giudice premuroso del diritto
e pronto alla giustizia.

Isaia 16,5

Giuseppe... era un giusto.

Matteo 1,19

GIOVANNI IL BATTISTA

NELLA CASA DI ZACCARIA ED ELISABETTA, GIUDEA

E tu, bambino,
sarai chiamato profeta dell'Altissimo
perché andrai innanzi al Signore a preparargli la via,
per dare al suo popolo la conoscenza della salvezza
per la remissione dei loro peccati,
grazie alla bontà misericordiosa del nostro Dio
per cui verrà a visitarci un sole dall'alto,
per illuminare quelli che stanno nelle tenebre e nell'ombra di morte,
per guidare i nostri passi sulla via della pace.

Luca 1,76-79

Coloro che le sentivano le tenevano in cuor loro e si domandavano:
«Che sarà mai di questo bambino?». La mano del Signore infatti era con lui.

Luca 1,66

*E benedetta colei che ha creduto al compimento
di ciò che le è stato detto dal Signore.*

Luca 1,45

Ecco, invio il mio messaggero; egli preparerà la via davanti a me.
Subito entrerà nel suo santuario il Signore che voi cercate;
l'angelo dell'alleanza che voi desiderate, eccolo venire, dice il Signore degli eserciti.

Malachia 3,1

Maria e Giuseppe

NAZARET

La nascita di Gesù avvenne in questo modo: sua madre Maria si era fidanzata con Giuseppe; ma prima che essi iniziassero a vivere insieme, si trovò che lei aveva concepito per opera dello Spirito Santo. Il suo sposo Giuseppe, che era giusto e non voleva esporla al pubblico ludibrio, decise di rimandarla in segreto.

Matteo 1,18-19

GIUSEPPE E GABRIELE

NAZARET

*Ora, quando aveva già preso una tale risoluzione, ecco
che un angelo del Signore gli apparve in sogno per dir-
gli: «Giuseppe, figlio di Davide, non temere di prendere
con te Maria, tua sposa: ciò che in lei è stato concepito è
opera dello Spirito Santo. Darà alla luce un figlio, e tu
lo chiamerai Gesù; egli infatti salverà il suo popolo dai
suoi peccati».*

Matteo 1,20-21

Destatosi dal sonno,
Giuseppe fece come gli aveva ordinato l'angelo del Signore
e prese con sé la sua sposa.

Matteo 1,24

RE ERODE

GIUDEA

Così dice il Signore:
«Un grido in Rama s'è udito,
lamento e pianto d'amarezze!
Rachele piange per i figli suoi,
rifiuta d'esser consolata per i figli suoi che più non sono...
Trattieni la tua voce dal pianto e gli occhi tuoi dal lacrimare,
perché c'è ricompensa alle tue pene: oracolo del Signore.
Essi, infatti, torneranno dal paese nemico!
C'è anche speranza per la tua posterità,
oracolo del Signore,
perché torneranno i figli entro i confini loro».

Geremia 31,15-17

Allora si adempì quanto fu detto dal profeta Geremia.

Matteo 2,17

Maria e Giuseppe

LA STRADA VERSO BETLEMME

In quei giorni uscì un editto di Cesare Augusto che ordinava il censimento di tutta la terra. Questo primo censimento fu fatto quando Quirino era governatore della Siria. Tutti andavano a dare il loro nome, ciascuno nella propria città. Anche Giuseppe dalla Galilea, dalla città di Nazaret, salì nella Giudea, alla città di Davide, che si chiamava Betlemme, perché egli era della casa e della famiglia di Davide, per dare il suo nome con Maria, sua sposa, che era incinta.

Luca 2,1-5

Farò camminare i ciechi
per sentieri che non conoscono,
li dirigerò per strade sconosciute.
Cambierò davanti a loro le tenebre in luce
e le vie tortuose in diritte.
Queste cose le compirò per loro
e non li abbandonerò.

Isaia 42,16

Ecco io faccio una cosa nuova:
essa già si produce, non riconoscete?
Sì, aprirò nel deserto una strada,
metterò fiumi nella steppa.

Isaia 43,19

Ma tu Betlemme di Efrata,
la più piccola tra i clan di Giuda,
da te uscirà per me colui che dovrà regnare sopra Israele!
Le sue origini sono da tempo remoto, dai tempi antichi!
Per questo Dio li abbandonerà
finché una partoriente non avrà partorito.
Allora il resto dei suoi fratelli
ritornerà ai figli d'Israele!

Michea 5,1-2

Mentre si trovavano là,
giunse per lei il tempo di partorire.

Luca 2,6

I AGI

IN VIAGGIO VERSO BETLEMME

Il popolo che camminava nelle tenebre
vide una grande luce;
su coloro che abitavano in terra tenebrosa
una luce rifulse.

Isaia 9,1

Chi tra voi teme il Signore
e ascolta la voce del suo servo,
chi cammina nelle tenebre senza alcuna luce,
confidi nel nome del Signore
e si appoggi nel suo Dio!

Isaia 50,10

Siamo venuti ad adorarlo.

Matteo 2,2

ZACCARIA ED ELISABETTA

GIUDEA

Una voce grida:
«Nel deserto preparate la via del Signore!
Raddrizzate nella steppa la strada per il nostro Dio.
Allora si rivelerà la gloria del Signore
e ogni uomo la vedrà;
perché la bocca del Signore ha parlato».

Isaia 40,3.5

Egli stesso andrà innanzi a Lui... per riportare i cuori dei padri verso i figli...
per preparare al Signore un popolo ben disposto.

Luca 1,17

I ASTORI

UN CAMPO FUORI BETLEMME

L'angelo del Signore si presentò a loro e la gloria del Signore li avvolse di luce: essi furono presi da grande spavento. Ma l'angelo disse loro: «Non temete, perché, ecco, io vi annunzio una grande gioia per tutto il popolo: oggi, nella città di Davide, è nato per voi un salvatore, che è il Messia Signore. E questo vi servirà da segno: troverete un bambino avvolto in fasce che giace in una mangiatoia». Subito si unì all'angelo una moltitudine dell'esercito celeste che lodava Dio così:

*«Gloria a Dio nel più alto dei cieli
e pace in terra agli uomini che egli ama».*

Luca 2,9-14

Non temete, perché, ecco, io vi annunzio una grande gioia per tutto il popolo.

Luca 2,10

Appena gli angeli si furono allontanati da loro per andare verso il cielo,
i pastori dicevano fra loro:
«Andiamo fino a Betlemme a vedere quello che è accaduto
e che il Signore ci ha fatto sapere».

Luca 2,15

UN BAMBINO È NATO

BETLEMME

Poiché un bambino è nato per noi,
ci è stato dato un figlio.
Sulle sue spalle è il segno della sovranità ed è chiamato:
Consigliere ammirabile, Dio potente,
Padre per sempre, Principe della pace;
grande sarà il suo dominio e la pace non avrà fine
sul trono di Davide e sul regno,
che egli viene a consolidare e rafforzare con il diritto e la giustizia,
ora e sempre; questo farà lo zelo del Signore degli eserciti.

Isaia 9,5-6

Io, il Signore, ti ho chiamato nella giustizia
e ti ho afferrato per mano,
ti ho formato
e ti ho stabilito alleanza di popolo e luce delle nazioni.

Isaia 42,6

Dio è con noi.

Isaia 8,10

Sei tu che m'hai tratto dal grembo materno
e al petto di mia madre mi hai affidato.
A te fui votato ancora nel grembo,
dal seno materno il mio Dio sei tu.

Salmo 22,10-11

Maria conservava tutte queste cose
meditandole in cuor suo.

Luca 2,19

E il Verbo si fece carne
e dimorò fra noi
e abbiamo visto la sua gloria,
gloria come di Unigenito dal Padre,
pieno di grazia e di verità.

Giovanni 1,14

 CRISTO IL SALVATORE

BETLEMME

Essi, udite le raccomandazioni del re, si misero in cammino. Ed ecco: la stella che avevano visto in oriente li precedeva, finché non andò a fermarsi sopra il luogo dove si trovava il bambino. Al vedere la stella furono ripieni di straordinaria allegrezza; ed entrati nella casa videro il bambino con Maria sua madre e si prostrarono davanti a lui in adorazione. Poi aprirono i loro scrigni e gli offrirono in dono oro, incenso e mirra.

Matteo 2,9-11

E la luce nelle tenebre brilla
e le tenebre non la compresero.

Giovanni 1,5

NOTTE SANTA

CANTI TRADIZIONALI

ASTRO DEL CIEL

Astro del ciel, Pargol divin,
mite agnello Redentor.
Tu che i vati da lungi sognar,
Tu che angeliche voci annunziar.

Luce dona alle menti, pace infondi nei cuor.

Astro del ciel, Pargol divin,
mite agnello Redentor.
Tu solo nato a parlare d'amor,
Tu disceso a scontare l'error.

TU SCENDI DALLE STELLE

Tu scendi dalle stelle,
o re del cielo,
e vieni in una grotta
al freddo, al gelo.
O Bambino mio divino,
io ti vedo qui a tremar:
O Dio beato!
Ah, quanto ti costò l'avermi amato!

A te che sei del mondo
il Creatore
mancano panni e fuoco,
o mio Signore.
Caro eletto, pargoletto,
quanto questa povertà,
più m'innamora,
giacché ti fece amor povero ancora.